PC・タブレット
でも使える!

小学校

忙しい先生
のための

テンプレート＆
イラスト

イクタケ マコト 著

DVD-ROM
付

カラー・モノクロ
両収録!
Windows対応

学陽書房

この本の使い方

小学校の先生が使いやすいテンプレートとイラストの素材集です。
そのままコピーしたり、付属のDVD-ROMを使用したりして、ご活用ください。
DVD-ROMデータについては、P.89〜95の「DVD-ROMを使用する前に」をご覧ください。

テンプレート

「時間割」や「当番表」などといった学級経営に欠かせないテンプレートのほか、授業づくりやこどもたちの日々の学習、また、先生方の業務に役立つものなどを収録しています。学校生活や学校行事、各教科の授業で活用してください。

素材

学級だよりや日々のおたより、プリントなどに活用できるイラストなども収録しています（各章のとびらのイラストも素材として収録しています）。学校行事や研究会のしおりの表紙、学校の公式ウェブサイトや動画配信などにご活用ください。

GIFアニメーション

複数のフレームを順に表示できるGIFアニメーションを収録しています。Microsoft PowerPointや電子黒板などでご活用ください。

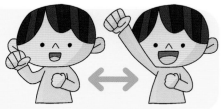

■ ファイル形式について

本書に掲載しているテンプレートや素材はPNGデータ（.png形式）で収録されています。また、A章の一部にはWordデータ（.docx形式）、D章のP.58〜62にはGIFアニメーションデータ（.gif）も収録されています。Wordデータは文字の入力ができますので、ご活用ください。

■ カラーについて

付属DVD-ROM内のPNGデータには、すべてカラー版とモノクロ版があります。カラー版はファイル名の末尾に「c」が、モノクロ版はファイル名の末尾に「m」が付いています。また、Wordデータにもカラー版とモノクロ版があります（ファイル名の末尾はカラー版が「wc」、モノクロ版が「wm」です）。

この本の見方

章・項目名
章とその項目の名前を記載しています。

フォルダの場所
このページに掲載しているテンプレートまたは素材が付属DVD-ROM内のどのフォルダに収録されているかを示しています。

ファイル名
このナンバーが付属DVD-ROMに入っているファイル名です。

Word データ表示
Wordデータがある場合、収録されていることを示しています。

もくじ

A 学級づくり 定番テンプレート

B 行動支援カード

C 授業用ワークシート ＆カード

D PC・タブレットで 使える素材

E SDGsを 考えるイラスト

F イラストいろいろ

学級づくり
定番テンプレート

役立つ素材がいっぱい！

学級づくり定番テンプレート ▶▶ a-0-001

1 ネームカード

①〜③、④〜⑥、⑦〜⑱、⑲〜㉒、㉓〜㉘、㉙〜㊱が
まとめてに出力できるデータがあります！

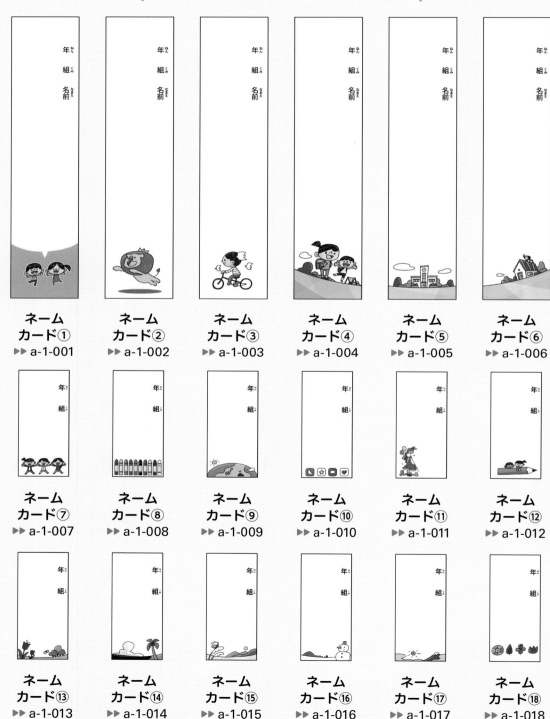

ネーム
カード①
▶▶ a-1-001

ネーム
カード②
▶▶ a-1-002

ネーム
カード③
▶▶ a-1-003

ネーム
カード④
▶▶ a-1-004

ネーム
カード⑤
▶▶ a-1-005

ネーム
カード⑥
▶▶ a-1-006

ネーム
カード⑦
▶▶ a-1-007

ネーム
カード⑧
▶▶ a-1-008

ネーム
カード⑨
▶▶ a-1-009

ネーム
カード⑩
▶▶ a-1-010

ネーム
カード⑪
▶▶ a-1-011

ネーム
カード⑫
▶▶ a-1-012

ネーム
カード⑬
▶▶ a-1-013

ネーム
カード⑭
▶▶ a-1-014

ネーム
カード⑮
▶▶ a-1-015

ネーム
カード⑯
▶▶ a-1-016

ネーム
カード⑰
▶▶ a-1-017

ネーム
カード⑱
▶▶ a-1-018

ネームカード⑲ ▶▶ a-1-019

ネームカード⑳ ▶▶ a-1-020

ネームカード㉑ ▶▶ a-1-021

ネームカード㉒ ▶▶ a-1-022

ネームカード㉓ ▶▶ a-1-023

ネームカード㉔ ▶▶ a-1-024

ネームカード㉕ ▶▶ a-1-025

ネームカード㉖ ▶▶ a-1-026

ネームカード㉗ ▶▶ a-1-027

ネームカード㉘ ▶▶ a-1-028

ネームカード㉙ ▶▶ a-1-029

ネームカード㉚ ▶▶ a-1-030

ネームカード㉛ ▶▶ a-1-031

ネームカード㉜ ▶▶ a-1-032

ネームカード㉝ ▶▶ a-1-033

ネームカード㉞ ▶▶ a-1-034

ネームカード㉟ ▶▶ a-1-035

ネームカード㊱ ▶▶ a-1-036

A 学級づくり定番テンプレート

1 ネームカード

2 時間割

時間割① ▶▶ a-2-001

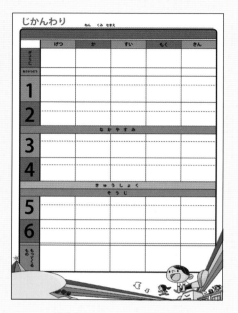

時間割② ▶▶ a-2-002

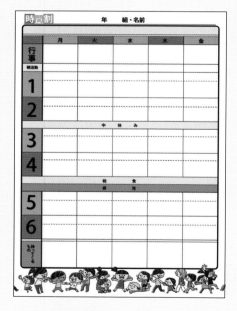

時間割③ ▶▶ a-2-003

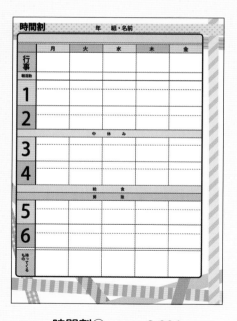

時間割④ ▶▶ a-2-004

データに
ついて

＊ P.8 〜 9 の a-2-001 〜 a-2-006 は Word 形式も収録しているので、文字が入力できます（お持ち
のフォントをご使用ください）。もちろんそのままプリントアウトして手書きで記入しても OK です。

じかんわり

ねん　くみ・なまえ

	げつ	か	すい	もく	きん
ぎょうじ / あさかつどう					
1					
2					
なかやすみ					
3					
4					
きゅうしょく / そうじ					
5					
6					
もってくるもの					

時間割⑤　▶▶ a-2-005

それぞれ
掲示用のデータも
あります！

ひらがなタイプは、
低学年で！
漢字タイプは、
高学年で！

時間割

年　組・名前

	月	火	水	木	金
行事 / 朝活動					
1					
2					
中休み					
3					
4					
給食 / 掃除					
5					
6					
持ってくるもの					

時間割⑥　▶▶ a-2-006

3 スケジュール表

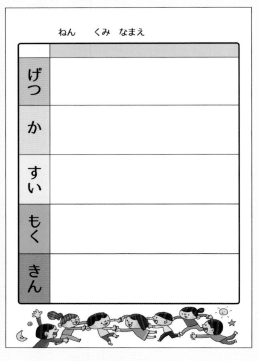

ねん　くみ　なまえ

げつ	
か	
すい	
もく	
きん	

スケジュール表① ▶▶ a-3-001

年　　組・名前

月	
火	
水	
木	
金	

スケジュール表② ▶▶ a-3-002

がつのスケジュール

にち	げつ	か	すい	もく	きん	ど

スケジュール表③ ▶▶ a-3-003

月のスケジュール

日	月	火	水	木	金	土

スケジュール表④ ▶▶ a-3-004

年 組 スケジュール

4月		**10**月	
5月		**11**月	
6月		**12**月	
7月		**1**月	
8月		**2**月	
9月		**3**月	

スケジュール表⑤　▶▶ a-3-005

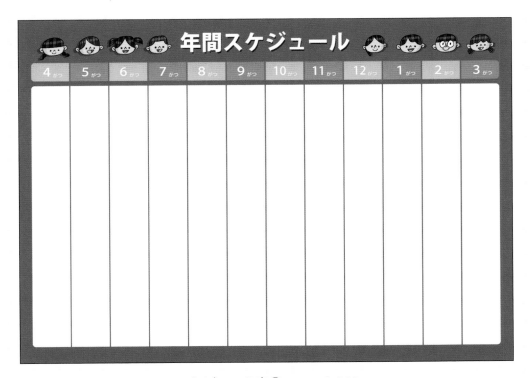

年間スケジュール

4がつ	5がつ	6がつ	7がつ	8がつ	9がつ	10がつ	11がつ	12がつ	1がつ	2がつ	3がつ

スケジュール表⑥　▶▶ a-3-006

4 がんばりカード

がんばりカード① ▶▶ a-4-001

ひと言日記などを書くのにも
おすすめです！

スタンプを押したり、
シールを貼ったり、
色を塗ったりして
ご活用ください！

がんばりカード② ▶▶ a-4-002

5 連絡カード

連絡カード①　▶▶ a-5-001

連絡カード②　▶▶ a-5-002

連絡カード③　▶▶ a-5-003

連絡カード④　▶▶ a-5-004

6 自己紹介カード

自己紹介カード① ▶▶ a-6-001

班や委員会の紹介にも
ご活用ください！

自己紹介カード② ▶▶ a-6-002

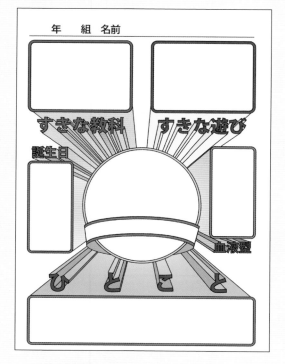

自己紹介カード③ ▶▶ a-6-003

7 ありがとうカード

a-7-003 は、イラストが
薄いタイプもあります！

ありがとうカード①
▶▶ a-7-001

ありがとうカード②
▶▶ a-7-002

ありがとうカード③
▶▶ a-7-003

ありがとうカード④
▶▶ a-7-004

ありがとうカード⑤
▶▶ a-7-005

ありがとうカード⑥
▶▶ a-7-006

8 当番表

当番表① ▶▶ a-8-001

当番表② ▶▶ a-8-002

DVD-ROMにはこのような
データが入っています

台紙　　　　数字の円盤

a-8-002-台紙3班　　a-8-円盤-3班

円盤を切り抜いて、台紙の上に画
びょうでとめて使用します。
※円盤が回るように、画びょうのと
め方を調整してください。

円盤には無地タイプも
あります！

それぞれ3班、4班、
5班、6班、7班、
8班用のデータが
あります！

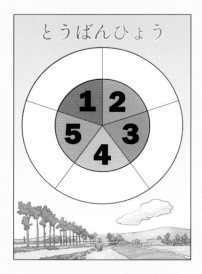

当番表③ ▶▶ a-8-003

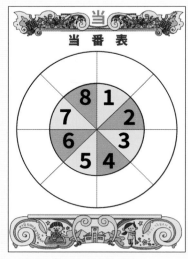

当番表④ ▶▶ a-8-004

9 係活動カード

A → カラー color / モノクロ mono → 9

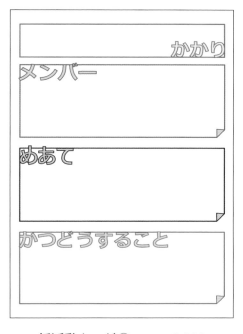

係活動カード① ▶▶ a-9-001

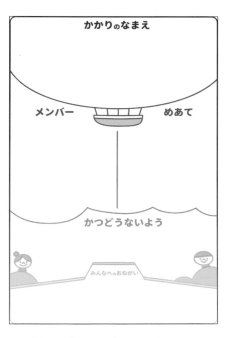

係活動カード② ▶▶ a-9-002

ひらがなタイプは、低学年で！
漢字タイプは、高学年で！

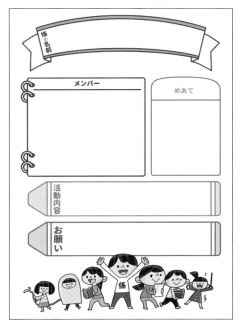

係活動カード③ ▶▶ a-9-003

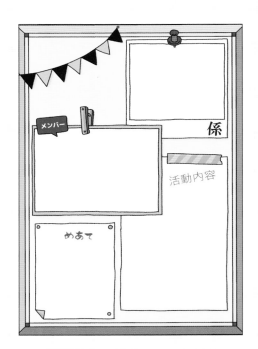

係活動カード④ ▶▶ a-9-004

A 学級づくり定番テンプレート
8 当番表　9 係活動カード

10 学級会カード

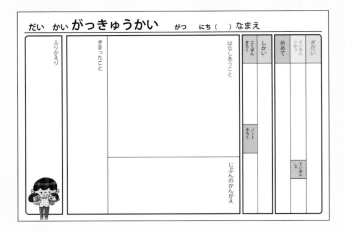

学級会カード① ▶▶ a-10-001

学級会カード② ▶▶ a-10-002

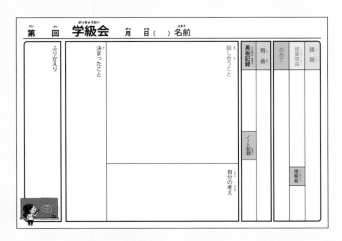

学級会カード③ ▶▶ a-10-003

学級会カード④ ▶▶ a-10-004

11 学級だより

学級だより①　▶▶ a-11-001

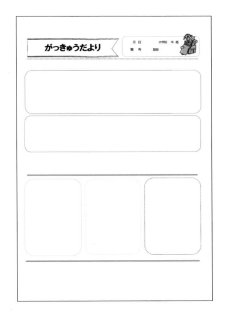

学級だより②　▶▶ a-11-002

題字なしタイプの
データもあります。
学級だよりのほか、
さまざまに
ご活用ください！

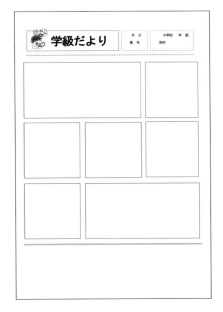

学級だより③　▶▶ a-11-003

学級だより④　▶▶ a-11-004

データについて　＊ P.19 の a-11-001 ～ a-11-004 は Word 形式も収録しているので、文字が入力できます（お持ちのフォントをご使用ください）。もちろんそのままプリントアウトして手書きで記入しても OK です。

12便せん

便せん①
▶▶ a-12-001

便せん②
▶▶ a-12-002

便せん③
▶▶ a-12-003

便せん④
▶▶ a-12-004

便せん⑤
▶▶ a-12-005

便せん⑥
▶▶ a-12-006

便せん⑦
▶▶ a-12-007

便せん⑧
▶▶ a-12-008

便せん⑨
▶▶ a-12-009

便せん⑩
▶▶ a-12-010

便せん⑪
▶▶ a-12-011

便せん⑫
▶▶ a-12-012

A 学級づくり定番テンプレート

12 便せん

便せん⑬ ▶▶ a-12-013

便せん⑭ ▶▶ a-12-014

便せん⑮ ▶▶ a-12-015

便せん⑯ ▶▶ a-12-016

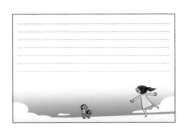

便せん⑰ ▶▶ a-12-017

便せん⑱ ▶▶ a-12-018

便せん⑲ ▶▶ a-12-019

便せん⑳ ▶▶ a-12-020

便せん㉑ ▶▶ a-12-021

a-12-001 ～ a-12-012 は、
4月～3月をイメージした便せんです！

便せん㉒ ▶▶ a-12-022

便せん㉓　▶▶ a-12-0023

便せん㉔　▶▶ a-12-024

便せん㉕　▶▶ a-12-025

便せん㉖　▶▶ a-12-026

便せん㉗　▶▶ a-12-027

便せん㉘　▶▶ a-12-028

便せん㉙　▶▶ a-12-029

便せん㉚　▶▶ a-12-030

便せん㉛　▶▶ a-12-031

便せん㉜ ▶▶ a-12-032

便せん㉝ ▶▶ a-12-033

便せん㉞ ▶▶ a-12-034

A　学級づくり定番テンプレート

12 便せん

便せん㉟ ▶▶ a-12-035

便せん㊱ ▶▶ a-12-036

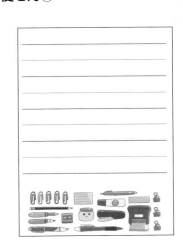

便せん㊲ ▶▶ a-12-037

便せん㊳ ▶▶ a-12-038

便せん㊴ ▶▶ a-12-039

便せん㊵ ▶▶ a-12-040

13 ご案内用ポスター

ご案内用ポスター①
▶▶ a-13-001

ご案内用ポスター②
▶▶ a-13-002

ご案内用ポスター③
▶▶ a-13-003

ご案内用ポスター④
▶▶ a-13-004

ご案内用ポスター⑤
▶▶ a-13-005

ご案内用ポスター⑥
▶▶ a-13-006

ご案内用ポスター⑦
▶▶ a-13-007

ご案内用ポスター⑧
▶▶ a-13-008

ご案内用ポスター⑨
▶▶ a-13-009

ご案内用ポスター⑩
▶▶ a-13-010

ご案内用ポスター⑪
▶▶ a-13-011

ご案内用ポスター⑫
▶▶ a-13-012

ご案内用ポスター⑬
▶▶ a-13-013

ご案内用ポスター⑭
▶▶ a-13-014

ご案内用ポスター⑮
▶▶ a-13-015

ご案内用ポスター⑯
▶▶ a-13-016

ご案内用ポスター⑰
▶▶ a-13-017

ご案内用ポスター⑱
▶▶ a-13-018

A → カラー color モノクロ mono → 13

ご案内用ポスター⑲
▶▶ a-13-019

ご案内用ポスター⑳
▶▶ a-13-020

A3 サイズにも
出力可能です！

ご案内用ポスター㉑
▶▶ a-13-021

ご案内用ポスター㉒
▶▶ a-13-022

ご案内用ポスター㉓
▶▶ a-13-023

ご案内用ポスター㉔
▶▶ a-13-024

B 行動支援カード

どのこも楽しく元気にすごしやすく！

行動支援カード ▶▶ b-0-001

1 持ち物カード

日々の指導ツールとして、また、言語や音声での情報が理解しにくい特性があるこどもへのサポートや外国人のこどもたちへのサポートなど、幅広くご活用ください。それぞれのイラストを台紙やマグネットに貼ったり、ラミネート加工したりすれば、丈夫なうえに多目的に使えます。リングカードにしてめくりながら活用するとバリエーションも広がります！

ランドセル

持ち物カード①
▶▶ b-1-001

教科書
きょうかしょ

持ち物カード②
▶▶ b-1-002

ノート

持ち物カード③
▶▶ b-1-003

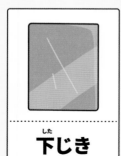

下じき
した

持ち物カード④
▶▶ b-1-004

ふでばこ

持ち物カード⑤
▶▶ b-1-005

えんぴつ

持ち物カード⑥
▶▶ b-1-006

色えんぴつ
いろ

持ち物カード⑦
▶▶ b-1-007

消しゴム
け

持ち物カード⑧
▶▶ b-1-008

ハンカチ

持ち物カード⑨
▶▶ b-1-009

ティッシュペーパー

持ち物カード⑩
▶▶ b-1-010

ドリル

持ち物カード⑪
▶▶ b-1-011

宿題
しゅくだい

持ち物カード⑫
▶▶ b-1-012

クレヨン

持ち物カード⑬
▶▶ b-1-013

絵の具セット
え ぐ

持ち物カード⑭
▶▶ b-1-014

書道道具
しょどう どうぐ

持ち物カード⑮
▶▶ b-1-015

マスク

持ち物カード⑯
▶▶ b-1-016

たいそう服
ふく

持ち物カード⑰
▶▶ b-1-017

白衣
はくい

持ち物カード⑱
▶▶ b-1-018

給食ぶくろ
きゅうしょく

持ち物カード⑲
▶▶ b-1-019

水とう
すい

持ち物カード⑳
▶▶ b-1-020

パソコン

持ち物カード㉑
▶▶ b-1-021

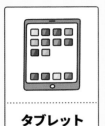

タブレット

持ち物カード㉒
▶▶ b-1-022

無地

▶▶ b-1-023

オリジナルのイラストで、
手作りカードにもチャレンジ！

B 行動支援カード

1 持ち物カード

2 あいさつカード

おはようございます

あいさつカード①
▶▶ b-2-001

こんにちは

あいさつカード②
▶▶ b-2-002

さようなら

あいさつカード③
▶▶ b-2-003

ありがとうございます

あいさつカード④
▶▶ b-2-004

どういたしまして

あいさつカード⑤
▶▶ b-2-005

ごめんなさい

あいさつカード⑥
▶▶ b-2-006

よろしく
おねがいします

あいさつカード⑦
▶▶ b-2-007

いただきます

あいさつカード⑧
▶▶ b-2-008

ごちそうさまでした

あいさつカード⑨
▶▶ b-2-009

起立（きりつ）

あいさつカード⑩
▶▶ b-2-010

きをつけ

あいさつカード⑪
▶▶ b-2-011

礼（れい）

あいさつカード⑫
▶▶ b-2-012

3 動作カード

休め

動作カード①
▶▶ b-3-001

歩く

動作カード②
▶▶ b-3-002

走る

動作カード③
▶▶ b-3-003

止まる

動作カード④
▶▶ b-3-004

話を聞く

動作カード⑤
▶▶ b-3-005

しずかにする

動作カード⑥
▶▶ b-3-006

いすにすわる

動作カード⑦
▶▶ b-3-007

手をあげる

動作カード⑧
▶▶ b-3-008

ろうかにならぶ

動作カード⑨
▶▶ b-3-009

せいれつ

動作カード⑩
▶▶ b-3-010

わりこみ

動作カード⑪
▶▶ b-3-011

円になる

動作カード⑫
▶▶ b-3-012

班になる

動作カード⑬
▶▶ b-3-013

コの字になる

動作カード⑭
▶▶ b-3-014

はくしゅ

動作カード⑮
▶▶ b-3-015

あくしゅ

動作カード⑯
▶▶ b-3-016

手をつなぐ

動作カード⑰
▶▶ b-3-017

4 1日の流れカード

朝会

1日の流れカード①
▶▶ b-4-001

朝の会

1日の流れカード②
▶▶ b-4-002

読書

1日の流れカード③
▶▶ b-4-003

自習

1日の流れカード④
▶▶ b-4-004

テスト

1日の流れカード⑤
▶▶ b-4-005

学級会

1日の流れカード⑥
▶▶ b-4-006

集会

1日の流れカード⑦
▶▶ b-4-007

休み時間

1日の流れカード⑧
▶▶ b-4-008

給食

1日の流れカード⑨
▶▶ b-4-009

そうじ

1日の流れカード⑩
▶▶ b-4-010

たてわり活動

1日の流れカード⑪
▶▶ b-4-011

班活動

1日の流れカード⑫
▶▶ b-4-012

委員会活動

1日の流れカード⑬
▶▶ b-4-013

帰りの会

1日の流れカード⑭
▶▶ b-4-014

国語
<ruby>国語<rt>こくご</rt></ruby>

教科カード①
▶▶ b-5-001

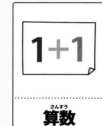

算数
<ruby>算数<rt>さんすう</rt></ruby>

教科カード②
▶▶ b-5-002

社会
<ruby>社会<rt>しゃかい</rt></ruby>

教科カード③
▶▶ b-5-003

理科
<ruby>理科<rt>りか</rt></ruby>

教科カード④
▶▶ b-5-004

生活
<ruby>生活<rt>せいかつ</rt></ruby>

教科カード⑤
▶▶ b-5-005

音楽
<ruby>音楽<rt>おんがく</rt></ruby>

教科カード⑥
▶▶ b-5-006

図画工作
<ruby>図画<rt>ずが</rt></ruby><ruby>工作<rt>こうさく</rt></ruby>

教科カード⑦
▶▶ b-5-007

体育
<ruby>体育<rt>たいいく</rt></ruby>

教科カード⑧
▶▶ b-5-008

道徳
<ruby>道徳<rt>どうとく</rt></ruby>

教科カード⑨
▶▶ b-5-009

特別活動
<ruby>特別<rt>とくべつ</rt></ruby><ruby>活動<rt>かつどう</rt></ruby>

教科カード⑩
▶▶ b-5-010

家庭
<ruby>家庭<rt>かてい</rt></ruby>

教科カード⑪
▶▶ b-5-011

外国語
<ruby>外国語<rt>がいこくご</rt></ruby>

教科カード⑫
▶▶ b-5-012

外国語活動
<ruby>外国語<rt>がいこくご</rt></ruby><ruby>活動<rt>かつどう</rt></ruby>

教科カード⑬
▶▶ b-5-013

総合的な学習の時間
<ruby>総合的<rt>そうごうてき</rt></ruby>な<ruby>学習<rt>がくしゅう</rt></ruby>の<ruby>時間<rt>じかん</rt></ruby>

教科カード⑭
▶▶ b-5-014

時間割にもご活用
ください！

6 授業カード

授業の準備

授業カード①
▶▶ b-6-001

教科書を開く

授業カード②
▶▶ b-6-002

ノートを開く

授業カード③
▶▶ b-6-003

もく読

授業カード④
▶▶ b-6-004

音読

授業カード⑤
▶▶ b-6-005

プリントをくばる

授業カード⑥
▶▶ b-6-006

考えをまとめる

授業カード⑦
▶▶ b-6-007

ノートに書く

授業カード⑧
▶▶ b-6-008

ペアで話す

授業カード⑨
▶▶ b-6-009

グループで話す

授業カード⑩
▶▶ b-6-010

せいりせいとん

授業カード⑪
▶▶ b-6-011

発表する

授業カード⑫
▶▶ b-6-012

提出する

授業カード⑬
▶▶ b-6-013

教室を移動する

授業カード⑭
▶▶ b-6-014

感想を書く

授業カード⑮
▶▶ b-6-015

じょうぎ

授業カード⑯
▶▶ b-6-016

見学する

授業カード⑰
▶▶ b-6-017

話し合う

授業カード⑱
▶▶ b-6-018

学び合い

授業カード⑲
▶▶ b-6-019

ふり返り

授業カード⑳
▶▶ b-6-020

着がえる

授業カード㉑
▶▶ b-6-021

たたむ

授業カード㉒
▶▶ b-6-022

かくにんする

授業カード㉓
▶▶ b-6-023

もとにもどす

授業カード㉔
▶▶ b-6-024

speaking

授業カード㉕
▶▶ b-6-025

hearing

授業カード㉖
▶▶ b-6-026

reading

授業カード㉗
▶▶ b-6-027

writing

授業カード㉘
▶▶ b-6-028

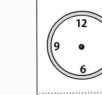

game

授業カード㉙
▶▶ b-6-029

時計

授業カード㉚
▶▶ b-6-030

7 人物カード

ぼく

人物カード①
▶▶ b-7-001

わたし

人物カード②
▶▶ b-7-002

ともだち

人物カード③
▶▶ b-7-003

ともだち

人物カード④
▶▶ b-7-004

先生

人物カード⑤
▶▶ b-7-005

先生

人物カード⑥
▶▶ b-7-006

校長先生

人物カード⑦
▶▶ b-7-007

校長先生

人物カード⑧
▶▶ b-7-008

教頭先生

人物カード⑨
▶▶ b-7-009

教頭先生

人物カード⑩
▶▶ b-7-010

保健の先生

人物カード⑪
▶▶ b-7-011

保健の先生

人物カード⑫
▶▶ b-7-012

栄養士

人物カード⑬
▶▶ b-7-013

栄養士

人物カード⑭
▶▶ b-7-014

事務員

人物カード⑮
▶▶ b-7-015

事務員

人物カード⑯
▶▶ b-7-016

ALT

人物カード⑰
▶▶ b-7-017

ALT

人物カード⑱
▶▶ b-7-018

スクール
カウンセラー

人物カード⑲
▶▶ b-7-019

スクール
カウンセラー

人物カード⑳
▶▶ b-7-020

がっこう　ししょ
学校司書

人物カード㉑
▶▶ b-7-021

がっこう　ししょ
学校司書

人物カード㉒
▶▶ b-7-022

しどういん
クラブ指導員

人物カード㉓
▶▶ b-7-023

しどういん
クラブ指導員

人物カード㉔
▶▶ b-7-024

ちょうりいん
調理員

人物カード㉕
▶▶ b-7-025

がくどう　せんせい
学童の先生

人物カード㉖
▶▶ b-7-026

がくどう　せんせい
学童の先生

人物カード㉗
▶▶ b-7-027

B　行動支援カード

7　人物カード

8 場所カード

B	カラー color	
	モノクロ mono	8

学校
場所カード①
▶▶ b-8-001

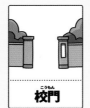
校門
場所カード②
▶▶ b-8-002

しょうこう口
場所カード③
▶▶ b-8-003

げたばこ
場所カード④
▶▶ b-8-004

教室
場所カード⑤
▶▶ b-8-005

ろう下
場所カード⑥
▶▶ b-8-006

保健室
場所カード⑦
▶▶ b-8-007

理科室
場所カード⑧
▶▶ b-8-008

音楽室
場所カード⑨
▶▶ b-8-009

図工室
場所カード⑩
▶▶ b-8-010

図書室
場所カード⑪
▶▶ b-8-011

校庭
場所カード⑫
▶▶ b-8-012

プール
場所カード⑬
▶▶ b-8-013

校長室
場所カード⑭
▶▶ b-8-014

校長室
場所カード⑮
▶▶ b-8-015

職員室
場所カード⑯
▶▶ b-8-016

印刷室
場所カード⑰
▶▶ b-8-017

用務員室
場所カード⑱
▶▶ b-8-018

視聴覚室
場所カード⑲
▶▶ b-8-019

多目的室
場所カード⑳
▶▶ b-8-020

給食室
場所カード㉑
▶▶ b-8-021

トイレ
場所カード㉒
▶▶ b-8-022

体育館
場所カード㉓
▶▶ b-8-023

おちつく場所
場所カード㉔
▶▶ b-8-024

授業用ワークシート ＆カード

こどものやる気がググッとアップ！

授業用ワークシート＆カード ▶▶ c-0-001

1 思考ツールシート

こどもたちが自分の考えを
見える化していくことができます！

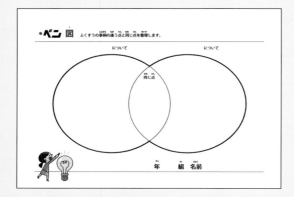

思考ツールシート①　▶▶ c-1-001

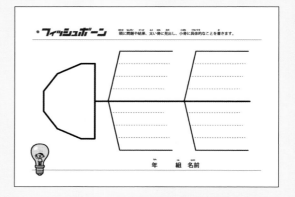

思考ツールシート②　▶▶ c-1-002

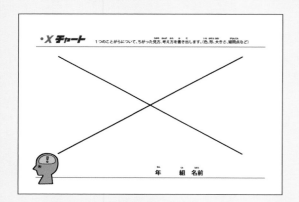

思考ツールシート③　▶▶ c-1-003

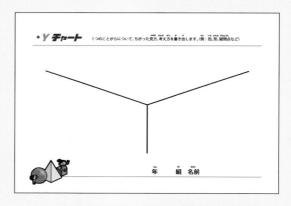

思考ツールシート④　▶▶ c-1-004

個人でもグループでも全体でも
活用できます！

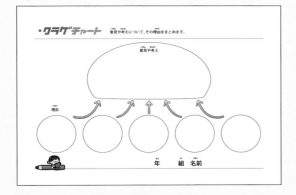

思考ツールシート⑤　▶▶ c-1-005

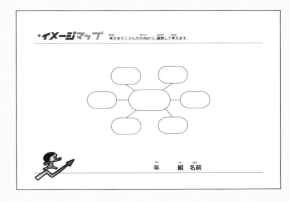

思考ツールシート⑥　▶▶ c-1-006

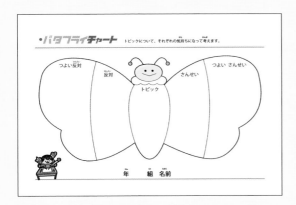

思考ツールシート⑦　▶▶ c-1-007

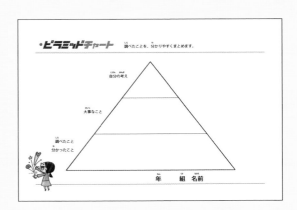

思考ツールシート⑧　▶▶ c-1-008

2 多目的学習シート

宿題、自主学習……
使い方はいっぱい！

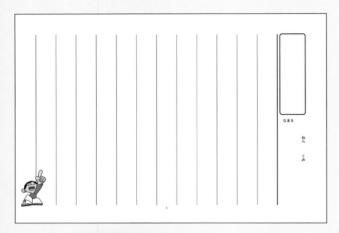

多目的学習シート①　▶▶ c-2-001

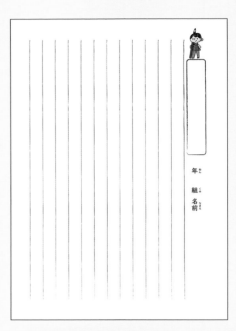

多目的学習シート②　▶▶ c-2-002

多目的学習シート③　▶▶ c-2-003

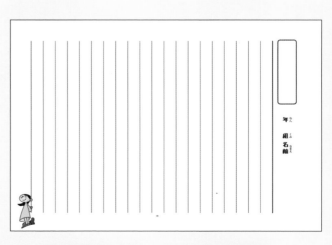

多目的学習シート④　▶▶ c-2-004

多目的学習シート⑤
▶▶ c-2-005

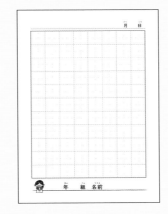

多目的学習シート⑥
▶▶ c-2-006

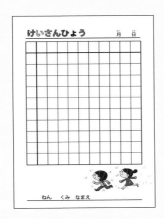

多目的学習シート⑦
▶▶ c-2-007

多目的学習シート⑧
▶▶ c-2-008

多目的学習シート⑨
▶▶ c-2-009

多目的学習シート⑩
▶▶ c-2-010

C 授業用ワークシート&カード

2 多目的学習シート

3 音読カード

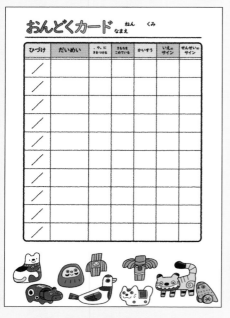

ひらがなタイプは、低学年で！
漢字タイプは、高学年で！

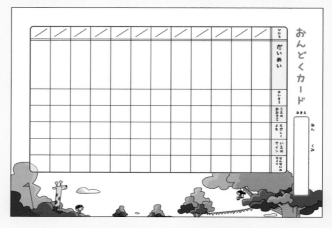

音読カード①　▶▶ c-3-001

音読カード②　▶▶ c-3-002

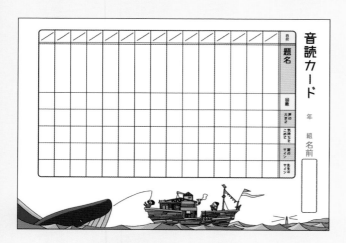

音読カード③　▶▶ c-3-003

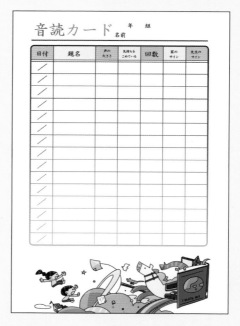

音読カード④　▶▶ c-3-004

4 読書カード

C | カラー color
→ モノクロ mono → 4

読書カード① ▶▶ c-4-001

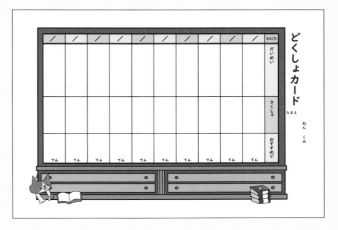

読書カード② ▶▶ c-4-002

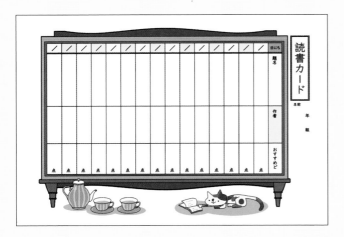

読書カード③ ▶▶ c-4-003

読書カード④ ▶▶ c-4-004

5 発表カード

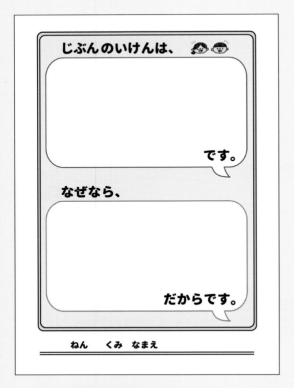

発表カード①　▶▶ c-5-001

オンライン授業、クラス会議
などでも活用できます！

ひらがなタイプは、低学年で！
漢字タイプは、高学年で！

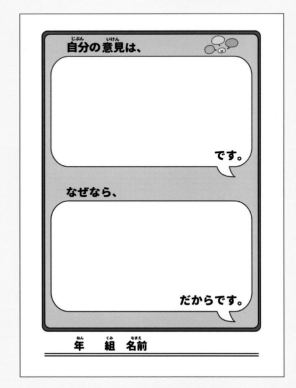

発表カード②　▶▶ c-5-002

6 振り返りカード

C	→	カラー color / モノクロ mono	→ 6

C 授業用ワークシート&カード

5 発表カード　6 振り返りカード

振り返りカード① ▶▶ c-6-001

振り返りカード② ▶▶ c-6-002

振り返りカード③ ▶▶ c-6-003

振り返りカード④ ▶▶ c-6-004

7 児童評価カード

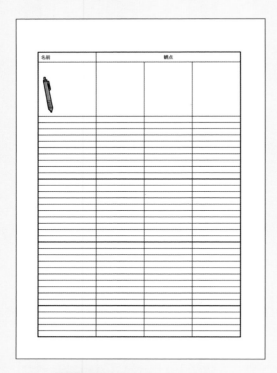

児童評価カード① ▶▶ c-7-001

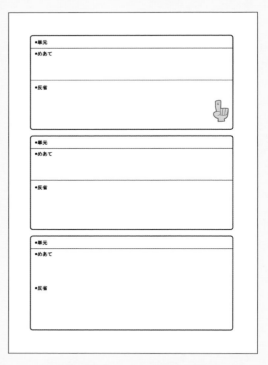

児童評価カード② ▶▶ c-7-002

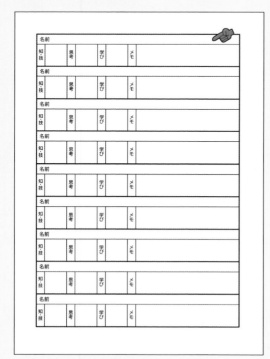

児童評価カード③ ▶▶ c-7-003

児童評価カード④ ▶▶ c-7-004

PC・タブレットで
使える素材

ICT活用授業で役立つ！

PC・タブレットで使える素材　▶▶ d-0-001

1 アカウントカード

\ PC やタブレットの管理に /
ご活用ください！

🏠 ⬅ ➡ ⚙ 🔍 ⬜

アカウントカード

ねん　　くみ

なまえ

>> メールアドレス	>> パスワード
>> かんりばんごう	>> ほかんこのばんごう

アカウントカード①　▶▶ d-1-001

🏠 ⬅ ➡ ⚙ 🔍 ⬜

アカウントカード

ねん　　くみ

なまえ

>> メールアドレス	
>> パスワード	
>> かんりばんごう	
>> ほかんこのばんごう	

アカウントカード②　▶▶ d-1-002

🏠 ⬅ ➡ ⚙ 🔍 ⬜

アカウントカード

年　　組

名前

>> メールアドレス	>> パスワード
>> 管理番号	>> 保管庫の番号

アカウントカード③　▶▶ d-1-003

🏠 ⬅ ➡ ⚙ 🔍 ⬜

アカウント カード

年　　組

名前

>> メールアドレス	
>> パスワード	
>> 管理番号	
>> 保管庫の番号	

アカウントカード④　▶▶ d-1-004

2 意思表示カード

意思表示カード① ▶▶ d-2-001

意思表示カード② ▶▶ d-2-002

意思表示カード③ ▶▶ d-2-003

意思表示カード④ ▶▶ d-2-004

意思表示カード⑤ ▶▶ d-2-005

意思表示カード⑥ ▶▶ d-2-006

わかりました

意思表示カード⑦　▶▶d-2-007

いけんがあります

意思表示カード⑧　▶▶d-2-008

いいね

意思表示カード⑨　▶▶d-2-009

もういちどおねがいします

意思表示カード⑩　▶▶d-2-010

おなじです

意思表示カード⑪　▶▶d-2-011

たいしゅつします

意思表示カード⑫　▶▶d-2-012

意思表示カード⑬　▶▶ d-2-013

意思表示カード⑭　▶▶ d-2-014

意思表示カード⑮　▶▶ d-2-015

意思表示カード⑯　▶▶ d-2-016

クラス会議や集会などでも
使えます！

3 スタンプ

*ロイロノートなどでご活用ください!

スタンプ①
▶▶ d-3-001

スタンプ②
▶▶ d-3-002

スタンプ③
▶▶ d-3-003

スタンプ④
▶▶ d-3-004

スタンプ⑤
▶▶ d-3-005

スタンプ⑥
▶▶ d-3-006

スタンプ⑦
▶▶ d-3-007

スタンプ⑧
▶▶ d-3-008

スタンプ⑨
▶▶ d-3-009

スタンプ⑩
▶▶ d-3-010

スタンプ⑪
▶▶ d-3-011

スタンプ⑫
▶▶ d-3-012

スタンプ⑬
▶▶ d-3-013

スタンプ⑭
▶▶ d-3-014

スタンプ⑮
▶▶ d-3-015

スタンプ⑯
▶▶ d-3-016

スタンプ⑰
▶▶ d-3-017

スタンプ⑱
▶▶ d-3-018

スタンプ⑲
▶▶ d-3-019

スタンプ⑳
▶▶ d-3-020

スタンプ㉑
▶▶ d-3-021

スタンプ㉒
▶▶ d-3-022

スタンプ㉓
▶▶ d-3-023

スタンプ㉔
▶▶ d-3-024

スタンプ㉕
▶▶ d-3-025

スタンプ㉖
▶▶ d-3-026

スタンプ㉗
▶▶ d-3-027

スタンプ㉘
▶▶ d-3-028

スタンプ㉙
▶▶ d-3-029

スタンプ㉚
▶▶ d-3-030

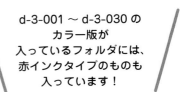

d-3-001 〜 d-3-030 の
カラー版が
入っているフォルダには、
赤インクタイプのものも
入っています！

D PC・タブレットで使える素材

3 スタンプ

スタンプ㉛
▶▶ d-3-031

スタンプ㉜
▶▶ d-3-032

スタンプ㉝
▶▶ d-3-033

スタンプ㉞
▶▶ d-3-034

スタンプ㉟
▶▶ d-3-035

スタンプ㊱
▶▶ d-3-036

スタンプ㊲
▶▶ d-3-037

スタンプ㊳
▶▶ d-3-038

スタンプ㊴
▶▶ d-3-039

スタンプ㊵
▶▶ d-3-040

スタンプ㊶
▶▶ d-3-041

スタンプ㊷
▶▶ d-3-042

うんうん

スタンプ㊸
▶▶ d-3-043

スタンプ㊹
▶▶ d-3-044

がんばったね

スタンプ㊺
▶▶ d-3-045

え？

スタンプ㊻
▶▶ d-3-046

スタンプ㊼
▶▶ d-3-047

だるい

スタンプ㊽
▶▶ d-3-048

スタンプ㊾
▶▶ d-3-049

スタンプ㊿
▶▶ d-3-050

さすがに草

スタンプ(51)
▶▶ d-3-051

ふあん

スタンプ(52)
▶▶ d-3-052

スタンプ(53)
▶▶ d-3-053

ナイス

スタンプ(54)
▶▶ d-3-054

4 GIFアニメ

GIFデータは、複数のフレームを順に表示できる画像データです。各ファイルaとb（一部a、b、c……）のイラスト順に繰り返し表示されていきます。また、すべてのデータについてイラストカットとして使用できるpngデータがあります。

＊ Microsoft Office PowerPoint 2010を使用した手順は、P.93を参照。

GIFアニメ①
▶▶ d-4-001-a

GIFアニメ①
▶▶ d-4-001-b

GIFアニメ②
▶▶ d-4-002-a

GIFアニメ②
▶▶ d-4-002-b

GIFアニメ③
▶▶ d-4-003-a

GIFアニメ③
▶▶ d-4-003-b

GIFアニメ④
▶▶ d-4-004-a

GIFアニメ④
▶▶ d-4-004-b

GIFアニメ⑤
▶▶ d-4-005-a

GIFアニメ⑤
▶▶ d-4-005-b

GIFアニメ⑥
▶▶ d-4-006-a

GIFアニメ⑥
▶▶ d-4-006-b

GIFアニメ⑦
▶▶ d-4-007-a

GIFアニメ⑦
▶▶ d-4-007-b

GIFアニメ⑧
▶▶ d-4-008-a

GIFアニメ⑧
▶▶ d-4-008-b

保護者会や研究発表会などでも
喜ばれます！

GIF アニメ⑨
▶▶ d-4-009-a

GIF アニメ⑨
▶▶ d-4-009-b

GIF アニメ⑩
▶▶ d-4-010-a

GIF アニメ⑩
▶▶ d-4-010-b

GIF アニメ⑪
▶▶ d-4-011-a

GIF アニメ⑪
▶▶ d-4-011-b

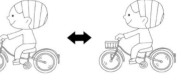

GIF アニメ⑫
▶▶ d-4-012-a

GIF アニメ⑫
▶▶ d-4-012-b

GIF アニメ⑬
▶▶ d-4-013-a

GIF アニメ⑬
▶▶ d-4-013-b

GIF アニメ⑭
▶▶ d-4-014-a

GIF アニメ⑭
▶▶ d-4-014-b

GIF アニメ⑮
▶▶ d-4-015-a

GIF アニメ⑮
▶▶ d-4-015-b

GIF アニメ⑮
▶▶ d-4-015-c

D

PC・タブレットで使える素材

4 GIFアニメ

59

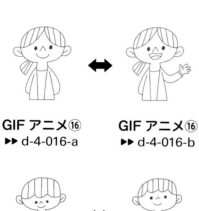

GIF アニメ⑯
▶▶ d-4-016-a

GIF アニメ⑯
▶▶ d-4-016-b

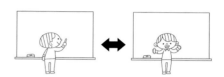

GIF アニメ⑰
▶▶ d-4-017-a

GIF アニメ⑰
▶▶ d-4-017-b

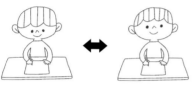

GIF アニメ⑱
▶▶ d-4-018-a

GIF アニメ⑱
▶▶ d-4-018-b

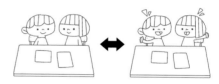

GIF アニメ⑲
▶▶ d-4-019-a

GIF アニメ⑲
▶▶ d-4-019-b

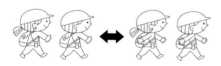

GIF アニメ⑳
▶▶ d-4-020-a

GIF アニメ⑳
▶▶ d-4-020-b

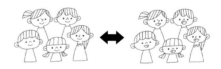

GIF アニメ㉑
▶▶ d-4-021-a

GIF アニメ㉑
▶▶ d-4-021-b

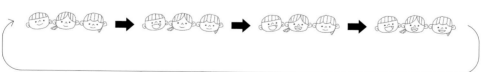

GIF アニメ㉒
▶▶ d-4-022-a

GIF アニメ㉒
▶▶ d-4-022-b

GIF アニメ㉒
▶▶ d-4-022-c

GIF アニメ㉒
▶▶ d-4-022-d

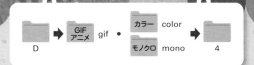

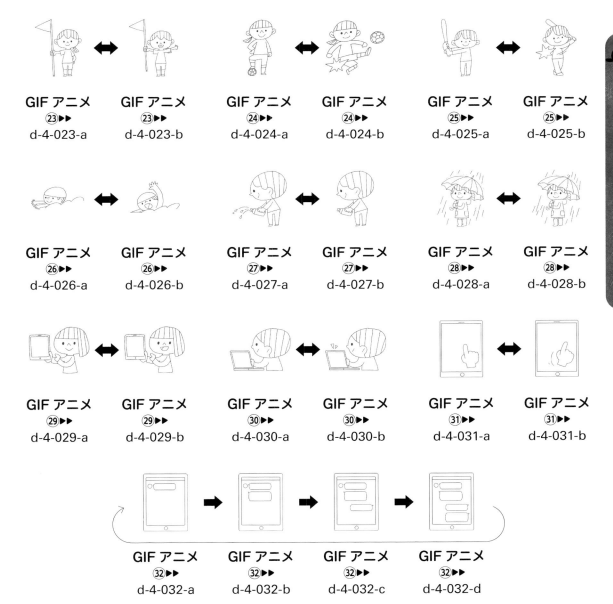

GIF アニメ
㉓▶▶
d-4-023-a

GIF アニメ
㉓▶▶
d-4-023-b

GIF アニメ
㉔▶▶
d-4-024-a

GIF アニメ
㉔▶▶
d-4-024-b

GIF アニメ
㉕▶▶
d-4-025-a

GIF アニメ
㉕▶▶
d-4-025-b

GIF アニメ
㉖▶▶
d-4-026-a

GIF アニメ
㉖▶▶
d-4-026-b

GIF アニメ
㉗▶▶
d-4-027-a

GIF アニメ
㉗▶▶
d-4-027-b

GIF アニメ
㉘▶▶
d-4-028-a

GIF アニメ
㉘▶▶
d-4-028-b

GIF アニメ
㉙▶▶
d-4-029-a

GIF アニメ
㉙▶▶
d-4-029-b

GIF アニメ
㉚▶▶
d-4-030-a

GIF アニメ
㉚▶▶
d-4-030-b

GIF アニメ
㉛▶▶
d-4-031-a

GIF アニメ
㉛▶▶
d-4-031-b

GIF アニメ
㉜▶▶
d-4-032-a

GIF アニメ
㉜▶▶
d-4-032-b

GIF アニメ
㉜▶▶
d-4-032-c

GIF アニメ
㉜▶▶
d-4-032-d

D PC・タブレットで使える素材

4 GIFアニメ

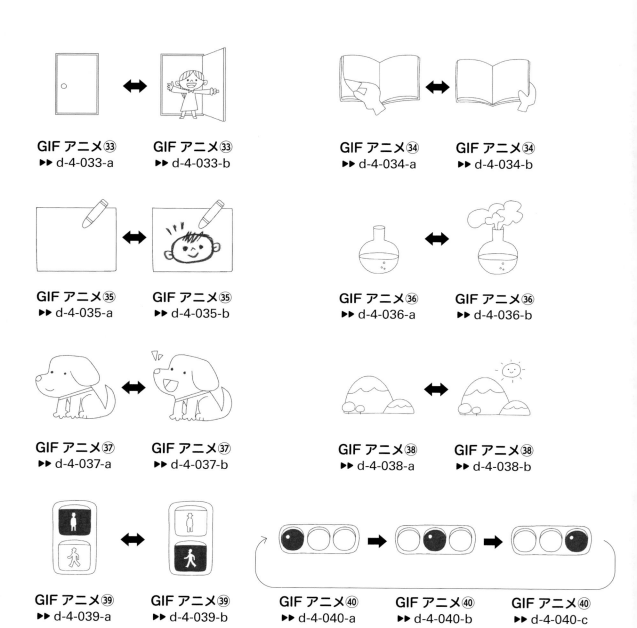

GIF アニメ㉝
▶▶ d-4-033-a

GIF アニメ㉝
▶▶ d-4-033-b

GIF アニメ㉞
▶▶ d-4-034-a

GIF アニメ㉞
▶▶ d-4-034-b

GIF アニメ㉟
▶▶ d-4-035-a

GIF アニメ㉟
▶▶ d-4-035-b

GIF アニメ㊱
▶▶ d-4-036-a

GIF アニメ㊱
▶▶ d-4-036-b

GIF アニメ㊲
▶▶ d-4-037-a

GIF アニメ㊲
▶▶ d-4-037-b

GIF アニメ㊳
▶▶ d-4-038-a

GIF アニメ㊳
▶▶ d-4-038-b

GIF アニメ㊴
▶▶ d-4-039-a

GIF アニメ㊴
▶▶ d-4-039-b

GIF アニメ㊵
▶▶ d-4-040-a

GIF アニメ㊵
▶▶ d-4-040-b

GIF アニメ㊵
▶▶ d-4-040-c

E

SDGs を
考えるイラスト

教室から持続可能でよりよい世界を！

SDGs を考えるイラスト　▶▶ e-0-001

1 17の目標

1

17の目標①
▶▶ e-1-001

17の目標②
▶▶ e-1-002

こどもたちに向けて、
SDGs の 17 の目標の内容を
分かりやすく
イラストで表現しました。
自分の身のまわりのことから
持続可能な社会づくりを考える
手助けになります！

17の目標③
▶▶ e-1-003

17の目標④
▶▶ e-1-004

2

17の目標⑤
▶▶ e-1-005

17の目標⑥
▶▶ e-1-006

17の目標⑦
▶▶ e-1-007

17の目標⑧
▶▶ e-1-008

3

17の目標⑨
▶▶ e-1-009

17の目標⑩
▶▶ e-1-010

17の目標⑪
▶▶ e-1-011

17の目標⑫
▶▶ e-1-012

4

17 の目標⑬
▶▶ e-1-013

17 の目標⑭
▶▶ e-1-014

17 の目標⑮
▶▶ e-1-015

17 の目標⑯
▶▶ e-1-016

5

17 の目標⑰
▶▶ e-1-017

17 の目標⑱
▶▶ e-1-018

17 の目標⑲
▶▶ e-1-019

17 の目標⑳
▶▶ e-1-020

6

17 の目標㉑
▶▶ e-1-021

17 の目標㉒
▶▶ e-1-022

17 の目標㉓
▶▶ e-1-023

17 の目標㉔
▶▶ e-1-024

7

17 の目標㉕
▶▶ e-1-025

17 の目標㉖
▶▶ e-1-026

17 の目標㉗
▶▶ e-1-027

17 の目標㉘
▶▶ e-1-028

8

17 の目標㉙
▶▶ e-1-029

17 の目標㉚
▶▶ e-1-030

17 の目標㉛
▶▶ e-1-031

17 の目標㉜
▶▶ e-1-032

9

17 の目標㉝
▶▶ e-1-033

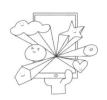

17 の目標㉞
▶▶ e-1-034

17 の目標㉟
▶▶ e-1-035

17 の目標㊱
▶▶ e-1-036

10

17 の目標㊲
▶▶ e-1-037

17 の目標㊳
▶▶ e-1-038

17 の目標㊴
▶▶ e-1-039

17 の目標㊵
▶▶ e-1-040

11

17 の目標㊶
▶▶ e-1-041

17 の目標㊷
▶▶ e-1-042

17 の目標㊸
▶▶ e-1-043

17 の目標㊹
▶▶ e-1-044

12

17の目標㊺
▶▶ e-1-045

17の目標㊻
▶▶ e-1-046

17の目標㊼
▶▶ e-1-047

17の目標㊽
▶▶ e-1-048

13

17の目標㊾
▶▶ e-1-049

17の目標㊿
▶▶ e-1-050

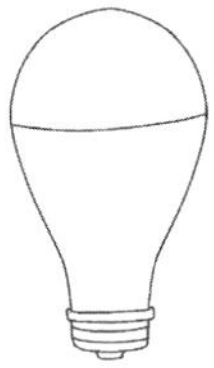

17の目標(51)
▶▶ e-1-051

17の目標(52)
▶▶ e-1-052

14

17の目標(53)
▶▶ e-1-053

17の目標(54)
▶▶ e-1-054

17の目標(55)
▶▶ e-1-055

17の目標(56)
▶▶ e-1-056

15

17の目標(57)
▶▶ e-1-057

17の目標(58)
▶▶ e-1-058

17の目標(59)
▶▶ e-1-059

17の目標(60)
▶▶ e-1-060

16

17の目標(61)
▶▶ e-1-061

戦争反対

17の目標(62)
▶▶ e-1-062

17の目標(63)
▶▶ e-1-063

17の目標(64)
▶▶ e-1-064

17

17の目標(65)
▶▶ e-1-065

17の目標(66)
▶▶ e-1-066

17の目標(67)
▶▶ e-1-067

17の目標(68)
▶▶ e-1-068

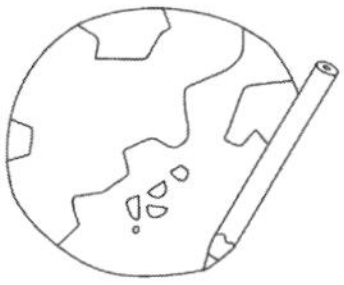

17の目標(69)
▶▶ e-1-069

Reduce
Reuse
Recycle

17の目標(70)
▶▶ e-1-070

SDGs

17の目標(71)
▶▶ e-1-071

17の目標(72)
▶▶ e-1-072

さまざまな学習課題の
取り組みにお役立てください！

イラストいろいろ

学級だよりから学校HPまで！

イラストいろいろ　▶▶ f-0-001

1 見出し

学級だより、学校だより、PTA通信など、
さまざまにご活用ください！

見出し①　▶▶ f-1-001

見出し②　▶▶ f-1-002

見出し③　▶▶ f-1-003

見出し④　▶▶ f-1-004

見出し⑤　▶▶ f-1-005

見出し⑥　▶▶ f-1-006

見出し⑦　▶▶ f-1-007

見出し⑧　▶▶ f-1-008

見出し⑨　▶▶ f-1-009

見出し⑩　▶▶ f-1-010

見出し⑪　▶▶ f-1-011

見出し⑫　▶▶ f-1-012

見出し⑬　▶▶f-1-013

見出し⑭　▶▶f-1-014

見出し⑮　▶▶f-1-015

見出し⑯　▶▶f-1-016

敬老の日

見出し⑰　▶▶f-1-017

運動会

見出し⑱　▶▶f-1-018

音楽会

見出し⑲　▶▶f-1-019

ハロウィーン

見出し⑳　▶▶f-1-020

クリスマス

見出し㉑　▶▶f-1-021

卒業式

見出し㉒　▶▶f-1-022

校外学習

見出し㉓　▶▶f-1-023

社会科見学

見出し㉔　▶▶f-1-024

修学旅行

見出し㉕　▶▶f-1-025

歯科健診

見出し㉖　▶▶f-1-026

予防接種

見出し㉗　▶▶f-1-027

避難訓練

見出し㉘　▶▶f-1-028

防犯訓練

見出し㉙　▶▶f-1-029

参観日

見出し㉚　▶▶f-1-030

保護者会

見出し㉛　▶▶f-1-031

個人面談

見出し㉜　▶▶f-1-032

研究授業

見出し㉝　▶▶f-1-033

IT研修

見出し㉞　▶▶f-1-034

誕生日

見出し㉟　▶▶f-1-035

感謝の会

見出し㊱　▶▶f-1-036

F　イラストいろいろ

1　見出し

2 季節

季節① ▶▶ f-2-001

季節② ▶▶ f-2-002

季節③ ▶▶ f-2-003

季節④ ▶▶ f-2-004

季節⑤ ▶▶ f-2-005

季節⑥ ▶▶ f-2-006

季節⑦ ▶▶ f-2-007

季節⑧ ▶▶ f-2-008

季節⑨ ▶▶ f-2-009

季節⑩ ▶▶ f-2-010

季節⑪ ▶▶ f-2-011

季節⑫ ▶▶ f-2-012

季節⑬　▶▶ f-2-013

季節⑭　▶▶ f-2-014

季節⑮　▶▶ f-2-015

季節⑯　▶▶ f-2-016

季節⑰　▶▶ f-2-017

季節⑱　▶▶ f-2-018

季節⑲　▶▶ f-2-019

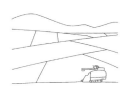

季節⑳　▶▶ f-2-020

季節㉑　▶▶ f-2-021

季節㉒　▶▶ f-2-022

季節㉓　▶▶ f-2-023

季節㉔　▶▶ f-2-024

季節㉕　▶▶ f-2-025

季節㉖　▶▶ f-2-026

季節㉗　▶▶ f-2-027

季節㉘　▶▶ f-2-028

F　イラストいろいろ

2　季節

3 こども

こども①　▶▶ f-3-001　　　こども②　▶▶ f-3-002　　　こども③　▶▶ f-3-003

こども④　▶▶ f-3-004　　　こども⑤　▶▶ f-3-005　　　こども⑥　▶▶ f-3-006

こども⑦　▶▶ f-3-007　　　こども⑧　▶▶ f-3-008　　　こども⑨　▶▶ f-3-009

こども⑩　▶▶ f-3-010　　　こども⑪　▶▶ f-3-011　　　こども⑫　▶▶ f-3-012

こども⑬ ▶▶f-3-013

こども⑭ ▶▶f-3-014

こども⑮ ▶▶f-3-015

こども⑯ ▶▶f-3-016

こども⑰ ▶▶f-3-017

こども⑱ ▶▶f-3-018

こども⑲ ▶▶f-3-019

こども⑳ ▶▶f-3-020

こども㉑ ▶▶f-3-021

こども㉒ ▶▶f-3-022

かかり

こども㉓ ▶▶f-3-023

クラブ活動

こども㉔ ▶▶f-3-024

だいひょう

こども㉕ ▶▶f-3-025

いいんかい

こども㉖ ▶▶f-3-026

じっこういいん

こども㉗ ▶▶f-3-027

たてわり

こども㉘ ▶▶f-3-028

F イラストいろいろ

3 こども

4 先生

先生① ▶▶ f-4-001

先生② ▶▶ f-4-002

先生③ ▶▶ f-4-003

先生④ ▶▶ f-4-004

先生⑤ ▶▶ f-4-005

先生⑥ ▶▶ f-4-006

先生⑦ ▶▶ f-4-007

先生⑧ ▶▶ f-4-008

先生⑨ ▶▶ f-4-009

先生⑩　▶▶ f-4-010

よろしく
お願いします。

先生⑪　▶▶ f-4-011

よろしく
お願いします。

先生⑫　▶▶ f-4-012

ありがとう
ございます。

先生⑬　▶▶ f-4-013

ありがとう
ございます。

先生⑭　▶▶ f-4-014

先生⑮　▶▶ f-4-015

先生⑯　▶▶ f-4-016

先生⑰　▶▶ f-4-017

先生⑱　▶▶ f-4-018

F　イラスト いろいろ

4　先生

先生⑲ ▶▶ f-4-019

先生⑳ ▶▶ f-4-020

先生㉑ ▶▶ f-4-021

先生㉒ ▶▶ f-4-022

先生㉓ ▶▶ f-4-023

先生㉔ ▶▶ f-4-024

先生㉕ ▶▶ f-4-025

先生㉖ ▶▶ f-4-026

先生㉗ ▶▶ f-4-027

先生㉘ ▶▶ f-4-028

先生㉙ ▶▶ f-4-029

先生㉚ ▶▶ f-4-030

先生㉛ ▶▶ f-4-031

先生㉜ ▶▶ f-4-032

先生㉝ ▶▶ f-4-033

先生㉞ ▶▶ f-4-034

先生㉟ ▶▶ f-4-035

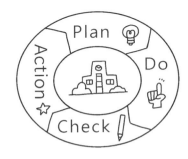

先生㊱ ▶▶ f-4-036

f-4-031 ～ f-4-036 は、「社会に開かれた教育課程」
の実現をイメージしたイラストです！

5 学習活動

めあて

学習活動①　▶▶f-5-001

ぎもん

学習活動②　▶▶f-5-002

わかった！

学習活動③　▶▶f-5-003

もくひょう

学習活動④　▶▶f-5-004

やる気スイッチ！

学習活動⑤　▶▶f-5-005

がんばろう！

学習活動⑥　▶▶f-5-006

わかったこと

学習活動⑦　▶▶f-5-007

がんばったこと

学習活動⑧　▶▶f-5-008

ふりかえり

学習活動⑨　▶▶f-5-009

かんがえよう

学習活動⑩　▶▶f-5-010

いけんがあります

学習活動⑪　▶▶f-5-011

おなじです

学習活動⑫　▶▶f-5-012

学習活動⑬
▶▶ f-5-013

学習活動⑭
▶▶ f-5-014

学習活動⑮
▶▶ f-5-015

学習活動⑯
▶▶ f-5-016

学習活動⑰
▶▶ f-5-017

学習活動⑱
▶▶ f-5-018

学習活動⑲
▶▶ f-5-019

学習活動⑳
▶▶ f-5-020

学習活動㉑
▶▶ f-5-021

学習活動㉒
▶▶ f-5-022

学習活動㉓
▶▶ f-5-023

学習活動㉔
▶▶ f-5-024

学習活動㉕
▶▶ f-5-025

学習活動㉖
▶▶ f-5-026

学習活動㉗
▶▶ f-5-027

学習活動㉘
▶▶ f-5-028

F イラストいろいろ

5 学習活動

6 ICT活用教育

ICT 活用教育①
▶▶ f-6-001

ICT 活用教育②
▶▶ f-6-002

ICT 活用教育③
▶▶ f-6-003

ICT 活用教育④
▶▶ f-6-004

ICT 活用教育⑤
▶▶ f-6-005

ICT 活用教育⑥
▶▶ f-6-006

ICT 活用教育⑦
▶▶ f-6-007

ICT 活用教育⑧
▶▶ f-6-008

ICT 活用教育⑨
▶▶ f-6-009

ICT 活用教育⑩
▶▶ f-6-010

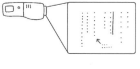

ICT 活用教育⑪
▶▶ f-6-011

ICT 活用教育⑫
▶▶ f-6-012

ICT 活用教育⑬
▶▶ f-6-013

ICT 活用教育⑭
▶▶ f-6-014

ICT 活用教育⑮
▶▶ f-6-015

オンライン

ICT 活用教育⑯
▶▶ f-6-016

画面から目を30cmはなす

ICT 活用教育⑰
▶▶ f-6-017

30分に1回、遠くを見る

ICT 活用教育⑱
▶▶ f-6-018

寝る1時間前は、使わない

ICT 活用教育⑲
▶▶ f-6-019

ルールを守って楽しく使う

ICT 活用教育⑳
▶▶ f-6-020

ICT 活用教育㉑
▶▶ f-6-021

ICT 活用教育㉒
▶▶ f-6-022

ICT 活用教育㉓
▶▶ f-6-023

ICT 活用教育㉔
▶▶ f-6-024

ICT 活用教育㉕
▶▶ f-6-025

ICT 活用教育㉖
▶▶ f-6-026

ICT 活用教育㉗
▶▶ f-6-027

ICT 活用教育㉘
▶▶ f-6-028

F イラストいろいろ

6 ICT活用教育

7 特別支援教育

特別支援教育①
▶▶ f-7-001

特別支援教育②
▶▶ f-7-002

特別支援教育③
▶▶ f-7-003

特別支援教育④
▶▶ f-7-004

特別支援教育⑤
▶▶ f-7-005

特別支援教育⑥
▶▶ f-7-006

特別支援教育⑦
▶▶ f-7-007

特別支援教育⑧
▶▶ f-7-008

特別支援教育⑨
▶▶ f-7-009

特別支援教育⑩
▶▶ f-7-010

特別支援教育⑪
▶▶ f-7-011

特別支援教育⑫
▶▶ f-7-012

特別支援教育⑬
▶▶ f-7-013

特別支援教育⑭
▶▶ f-7-014

特別支援教育⑮
▶▶ f-7-015

特別支援教育⑯
▶▶ f-7-016

特別支援教育⑰
▶▶ f-7-017

特別支援教育⑱
▶▶ f-7-018

特別支援教育⑲
▶▶ f-7-019

特別支援教育⑳
▶▶ f-7-020

特別支援教育㉑
▶▶ f-7-021

特別支援教育㉒
▶▶ f-7-022

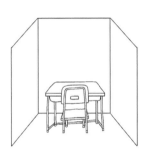

特別支援教育㉓
▶▶ f-7-023

特別支援教育㉔
▶▶ f-7-024

F イラストいろいろ

7 特別支援教育

8 性教育

F → カラー color → 8
モノクロ mono

性教育① ▶▶f-8-001

性教育② ▶▶f-8-002

性教育③ ▶▶f-8-003

性教育④ ▶▶f-8-004

性教育⑤ ▶▶f-8-005

性教育⑥ ▶▶f-8-006

性教育⑦ ▶▶f-8-007

性教育⑧ ▶▶f-8-008

性教育⑨ ▶▶f-8-009

性教育⑩ ▶▶f-8-010

性教育⑪ ▶▶f-8-011

性教育⑫ ▶▶f-8-012

性教育⑬ ▶▶f-8-013

性教育⑭ ▶▶f-8-014

性教育⑮ ▶▶f-8-015

性教育⑯ ▶▶f-8-016

9 ジェンダー

ジェンダー①
▶▶ f-9-001

ジェンダー②
▶▶ f-9-002

ジェンダー③
▶▶ f-9-003

ジェンダー④
▶▶ f-9-004

ジェンダー⑤
▶▶ f-9-005

ジェンダー⑥
▶▶ f-9-006

ジェンダー⑦
▶▶ f-9-007

ジェンダー⑧
▶▶ f-9-008

ジェンダー⑨
▶▶ f-9-009

ジェンダー⑩
▶▶ f-9-010

ジェンダー⑪
▶▶ f-9-011

ジェンダー⑫
▶▶ f-9-012

ジェンダー⑬
▶▶ f-9-013

ジェンダー⑭
▶▶ f-9-014

ジェンダー⑮
▶▶ f-9-015

ジェンダー⑯
▶▶ f-9-016

10 職業

職業① ▶▶f-10-001

職業② ▶▶f-10-002

職業③ ▶▶f-10-003

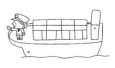

職業④ ▶▶f-10-004

職業⑤ ▶▶f-10-005

職業⑥ ▶▶f-10-006

職業⑦ ▶▶f-10-007

職業⑧ ▶▶f-10-008

職業⑨ ▶▶f-10-009

職業⑩ ▶▶f-10-010

職業⑪ ▶▶f-10-011

職業⑫ ▶▶f-10-012

職業⑬ ▶▶f-10-013

職業⑭ ▶▶f-10-014

職業⑮ ▶▶f-10-015

職業⑯ ▶▶f-10-016

職業⑰ ▶▶f-10-017

職業⑱ ▶▶f-10-018

職業⑲ ▶▶f-10-019

職業⑳ ▶▶f-10-020

DVD-ROMを使用する前に

付属DVD-ROMには、本書で紹介した
テンプレートやイラスト素材が入っています。
使用する前に、下記の「収録データについて」
「ご利用上の注意」「DVD-ROMの構成」および
巻末（P.96）の「DVD-ROMのご利用に際して」を
必ずお読みください。

収録データについて

　付属DVD-ROMに収録されているデータには、PNG形式・Word形式・GIF形式の3種類があります。

　「PNG」は背景が透明になっているデータ形式のことです。他のイラストや文字との組み合わせに便利です。P.5～88に掲載されているテンプレートや素材の画像データはカラー・モノクロともにPNG形式で収録されています。

　「時間割」と「学級だより」についてはWord形式も収録しています。収録されているテンプレートは「Microsoft Word」で作成してあります。

　また、P.58～62に掲載されている「GIF」は複数のフレームを順に表示できるデータ形式のことです。「Microsoft PowerPoint」などのソフトで使用できます。

　お使いのOSやアプリケーションのバージョンによってはレイアウトが崩れる場合がありますので、予めご了承ください。

※Microsoft WordおよびMicrosoft PowerPointは、米国Microsoft Corporationの登録商標です。

ご利用上の注意

★ イラストについて

　付属DVD-ROMに収録されている画像データの解像度は、PNGデータが350dpi、GIFアニメーションデータが72dpiです。画像データは、200％以上に拡大すると、画像が荒れてイラストの線がギザギザに見える場合がありますので、ご了承ください。

　カラーのテンプレートや素材は、パソコンの環境やプリンタの設定等で、印刷した色調が本書に掲載している色調と多少異なることがあります。

　ソフトウェアによってはイラストの解像度情報を読み込まないものもあるため、文書に挿入した際に極端なサイズ違いで表示されることもあります。

★ 動作環境

　DVD-ROMドライブを内蔵または外付けしており、PNG形式およびGIF形式の画像データ、Microsoft社のWord文書（2007以上）が問題なく動作しているパソコンでご使用いただけます。なお、処理速度が遅いパソコンでは動作に時間がかかる場合もありますので、ご注意ください。

　また、Macintoshでの動作については保証いたしかねますので、ご了承ください。

★ 取り扱いについて

　ディスクの再生面にキズや汚れがついたり、ゆがみが生じると、データが読み取れなくなる場合がありますので、取り扱いには十分ご注意ください。使用後は、直射日光が当たるなど高温・多湿になる場所を避けて保管してください。また、付属DVD-ROMに収録されているデータについてのサポートは行っておりません。

★ 使用許諾範囲について

　付属DVD-ROMに収録されているデータ等の著作権・使用許諾権・商標権は、イクタケマコトに帰属し、お客様に譲渡されることはありません。また、付属DVD-ROMに含まれる知的財産権もイクタケマコトに帰属し、お客様に譲渡されることはありません。本書および付属DVD-ROMに収録されたデータは、無断で商業目的に使用することはできません。購入された個人または法人・団体が営利目的ではない私的な目的（学校内や自宅などでの利用）の場合のみ、本書および付属DVD-ROMを用いて印刷物、動画配信、WEBコンテンツを作成することができます。ただし、ロゴやアイコンでの使用は禁じます。

※ご使用の際に、クレジット表記や使用申請書提出の必要はありません。

付属DVD-ROMのデータは、本書と同じカテゴリで収録しています。収録フォルダは各ページ上部に掲載しています。

DVD-ROMの構成

template &
illustration

A 学級づくり定番テンプレート

- color
  - 0 章とびら
  - 1 ネームカード
  - 2 時間割
  - 3 スケジュール表
  - 4 がんばりカード
  - 5 連絡カード
  - 6 自己紹介カード
  - 7 ありがとうカード
  - 8 当番表
  - 9 係活動カード
  - 10 学級会カード
  - 11 学級だより
  - 12 便せん
  - 13 ご案内用ポスター
- mono
- word color
- word mono

B 行動支援カード

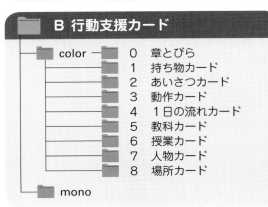

- color
  - 0 章とびら
  - 1 持ち物カード
  - 2 あいさつカード
  - 3 動作カード
  - 4 1日の流れカード
  - 5 教科カード
  - 6 授業カード
  - 7 人物カード
  - 8 場所カード
- mono

C 授業用ワークシート＆カード

- color
  - 0 章とびら
  - 1 思考ツールシート
  - 2 多目的学習シート
  - 3 音読カード
  - 4 読書カード
  - 5 発表カード
  - 6 振り返りカード
  - 7 児童評価カード
- mono

D PC・タブレットで使える素材

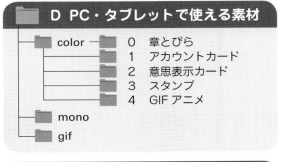

- color
  - 0 章とびら
  - 1 アカウントカード
  - 2 意思表示カード
  - 3 スタンプ
  - 4 GIF アニメ
- mono
- gif

E SDGs を考えるイラスト

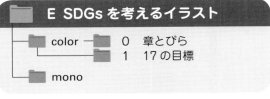

- color
  - 0 章とびら
  - 1 17の目標
- mono

F イラストいろいろ

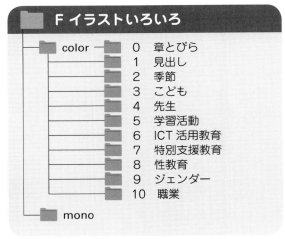

- color
  - 0 章とびら
  - 1 見出し
  - 2 季節
  - 3 こども
  - 4 先生
  - 5 学習活動
  - 6 ICT 活用教育
  - 7 特別支援教育
  - 8 性教育
  - 9 ジェンダー
  - 10 職業
- mono

- カラー版のファイル名は末尾に「c」（Wordファイルの場合は「wc」）が付いています。
- モノクロ版のファイル名は末尾に「m」（Wordファイルの場合は「wm」）が付いています。
- A章のフォルダ内の一部には、Word形式のデータも、また、D章にはGIF形式のデータも収録されています。

DVD-ROMの開き方

付属DVD-ROMから使いたいテンプレートと
GIFアニメーションを開く手順を簡単に説明します。
ここでは、Windows10を使った手順を紹介します。

※お使いのパソコンの動作環境によっては操作の流れや画面表示が異なる場合があります。予めご了承ください。

〈テンプレート〉

例として、「A章　学級づくり定番テンプレート」の「2
時間割」内にある「時間割①」（P.8）のモノクロ版の
テンプレートを見つけてみましょう。

a-2-001

① パソコンにDVD-ROMをセットする

DVD-ROMが起動すると、右図のような画面が表示さ
れます。「フォルダーを開いてファイルを表示」をク
リックした後、template & illustrationフォルダをダ
ブルクリックします。

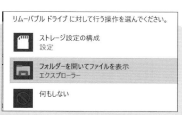

リムーバブル ドライブ に対して行う操作を選んでください。

ストレージ設定の構成
設定

フォルダーを開いてファイルを表示
エクスプローラー

何もしない

② 「章」のフォルダを開く

右図のように、各章（A～F）のフォルダが表示されます。
今回は使用するテンプレートが「A章」のフォルダの
中にあるので、「A」を選択してダブルクリックします。

名前

∨ 現在ディスクにあるファイル (6)

A

B

C

D

③ モノクロ版を選択する

A章のフォルダをダブルクリックすると、カラー
（color）と白黒（mono）、ワードカラー（word
color）、ワードモノクロ（word mono）のフォルダが
表示されます。今回はテンプレートのモノクロ版なの
で、「mono」のフォルダをダブルクリックします。

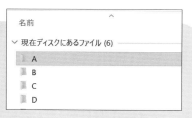

∨ 現在ディスクにあるファイル (4)

color

mono

word color

word mono

④ 項目ごとのフォルダを開く

右図のように、A章の中の項目番号に対応したフォル
ダが表示されます。今回は「2　時間割」項目内にあ
るテンプレートなので、「2」をダブルクリックします。

⑤ 使いたいイラストを選ぶ

「2」のフォルダを開くと本書のP.8～9のテンプレー
トデータが入っています。今回使用したいテンプレー
トは「a-2-001m」と表示されているので、そのデー
タをフォルダ内から探し出しましょう。

《GIFアニメーション》
＊ Microsoft PowerPoint 2010を使用した手順。

① PowerPointにGIFアニメーションを挿入する

メニューの「挿入」→「図」の順にクリックして、
「図の挿入」からD章のGIFアニメーションフォルダ
（gif）の中の使いたいものを選び、PowerPointに挿
入します。

② 挿入したGIFアニメーションを動かす

①で挿入したGIFアニメーションの配置や大きさを調
整し、メニューの「スライドショー」→「スライドショー
の開始」グループから「最初から」または「現在のス
ライドから」などを選ぶと再生します。

データの活用法

Microsoft Wordでテンプレートや素材を
活用してみましょう。ここでは、
Microsoft Office Word 2010を使用した手順を紹介します。

※DVD-ROM内のデータを開く手順はP.92をご覧ください。

テンプレートを活用する

ここでは、Word形式で時間割①（P.8）を作成する方法を簡単に解説します。

① 文字を入力する

文字を入力したい部分を選択して、文字を書き換えます。

② 文字をデザインする

上部にあるツールバーでフォントの
種類やサイズ、色を変更・調整する
ことができます。とくにカラーバー
ジョンを利用するときは、文字の色
も変えるとよいでしょう。

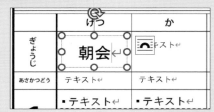

色を選んでクリック

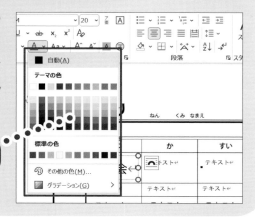

イラストカットを活用する

① Wordにイラストを挿入する

メニューの「挿入」→「図」の順にクリックをして、「図の挿入」から使いたいイラストを選び、Wordに貼り付けます。

② 挿入したイラストを動かす

①で挿入したイラストはそのままでは行内に固定されていて動かせません。挿入したイラストの上で右クリックして出てくるメニューから「文字列の折り返し」を選びます。一番左の「行内」以外のものを選んでクリックすると、イラストを動かせるようになります。

③ イラストと一緒に枠や文字を入れる

メニューの「挿入」→「図形」の順にクリックすると、様々な図形を出すことができます。例えば、「吹き出し」を選びドラッグすると、右図のように吹き出しのかたちのテキストボックスが出ますので、活用してください。

※枠や色を消したいときは、テキストボックスの枠上で右クリックをすると出る「図形の書式設定」から変更してください。

＼大好評！／ イクタケマコトの本

本書と合わせてご活用ください！

『カンタンかわいい
小学校テンプレート&イラスト
CD-ROM 付
──低・中・高学年すべて使える！』
（学陽書房）

『1年中使えてカンタン便利！
小学校 学級経営
いろいろテンプレート
DVD-ROM 付』
（学陽書房）

『GIF アニメも収録！
子どもがワクワク喜ぶ！
小学校教室グッズ&テンプレート
DVD-ROM 付』
（学陽書房）

『子どもが喜ぶイラストがいっぱい！
オンラインでも役立つ！
小学校ワークシート&テンプレート
DVD-ROM 付』
（学陽書房）

PC・タブレットでも使える！
忙しい先生のための
小学校 テンプレート&イラスト
DVD-ROM 付

2023年3月22日　初版発行

著　者　イクタケマコト
発行者　佐久間重嘉
発行所　学陽書房
　　　　〒102-0072　東京都千代田区飯田橋 1-9-3
　　　　営業部　TEL 03-3261-1111　FAX 03-5211-3300
　　　　編集部　TEL 03-3261-1112
　　　　http://www.gakuyo.co.jp/

デザイン　能勢明日香
印　刷　加藤文明社
製　本　東京美術紙工

著者紹介

イクタケマコト

福岡県宮若市出身。教師生活を経てイラストレーターに転身。
教科書や教材のほか、広告などのイラストを手がける。
また、主夫として毎日の家事にも励んでいる。
現在、横浜市在住。

著書

『中学・高校イラストカット集 1200』（学事出版）
『主夫3年生』（彩図社）
『まいにち哲学カレンダー』（学事出版）
『としょかん町のバス』（少年写真新聞社）

制作実績

『たのしいせいかつ』『たのしいほけん』（大日本図書）
『ほけんイラストブック』（少年写真新聞社）他、
教科書教材多数。
JICA横浜、共和レザー株式会社、三井住友建設株式会社、
東京都、神奈川県、横浜市他、
広告イラスト多数。

HP　　　　　http://ikutake.wixsite.com/makoto-ikutake
mail　　　neikonn@yahoo.co.jp
Instagram　https://www.instagram.com/m_ikutake2/

DVD-ROM のご利用に際して

ご利用の際は、P.89～91の「DVD-ROMを使用する前に」
をお読みいただき、内容にご同意いただいた上でご利用く
ださい。

＊本書収録内容および付属DVD-ROMに収録されている
　データ等の内容は、著作権法上、その一部または全部を、
　無断で複製・コピー、第三者への譲渡、インターネット
　などで頒布すること、無断で商業目的に使用することは
　できません。

ただし、図書館およびそれに準ずる施設での閲覧・館
外貸し出しは可能です。その場合も、上記利用条件の
範囲内での利用となります。

免責事項

本書および付属DVD-ROMのご使用によって生じたト
ラブル・損害・被害等のいかなる結果にも、学陽書房
およびイクタケマコトは一切の責任を負いません。